AF372842

بريد المنسيين

محمد الشرقاوي

فصحى للنشر والتوزيع والترجمة

Email: Darfosha@gmail.com

01061318637
01095250242

* الكتاب: بريد المنسيين

* الكاتب: محمد الشرقاوي

* مراجعة لغوية: شركة دني

* تصميم الغلاف: مني الموجي

* إخراج داخلي: د. شيماء محمد

* رقم الإيداع: 25003 / 2024

* الترقيم الدولي: 2-51-9600-977-978

إهـداء

إلى أبي وأمي

إلى أخي أحمد السيد

محمد الشاذلي

أمين طيرة

محمد فراويلة

اهدي هذا الكتاب

مقدمة:-

في طي النسيان هناك بريد خُصص للمنسيين

1ـ صورة

حين زارتني في المنام

حين استيقظت

ركضت نحو المقهى الذي جمعنا في ذلك الحلم

لملمت الفناجين

وتوسلت إلى النادل

أن يفحص الكاميرات

كي أحصل على صورة لها

2- أغنية

أفتش عن أغنية في الساوند كلاود

أغنية لا أعرف اسمها

لكنني أمسك بالهاتف

وأضع قلبي على خانة البحث

تظهر

أفتش عن لفافة تبغ

أعرف نكهتها

نكهة قديمة عتيقة

لكنني لا أعرف اسمها

أضع صدري على خانة البحث وتظهر

دلوني

أي جزء مني اضعه على خانة البحث

كي يظهر عمري

3-اسم

لقد كانت لديّ حياة

الكثير من الرفاق الذين لم تسعفني كثرتهم إلى تذكر أسماءهم

الآن أتوق إلى شيء واحد

أن يصاحبني أحد

أن ينادي اسمي

اسمي

اللعنة

ما هو اسمي؟

4- كارتون

وددت أن أعيش مسلسل كارتوني شاهدته في طفولتي!

الناس كانوا طيبين للغاية

متعاونين

أذكر أنه لم يكن هناك أي لفافة تبغ

كما أنه لم تكن هناك قصة حب

ربما انحرفت عن المسار بإرادتي حين أحببتك

لا أعرف

ما أعرفه أن طعنتك الشيء الوحيد الذي أبقى على نكهة المسلسل بداخلي

5-عراك

نحن الذين فزنا بالعراك،

لكن ثمة من أطلق نداء

قال أثناء احتفالنا العراك لم يبدأ بعد

6-شيخوخة

أجلس مع أناس في عمر الشيخوخة

أقول ربما أصل إلى أعمارهم

أنا أربّي ردات الفعل

حين أنسى حبيبتي

وحياتي آه

أخاف أن يقول لي أحدهم ما اسمك وأجهل الرد

أضع اسمي في جيبي

وأمضي

كي أصل إلى هناك محمل بالخبرة اللازمة

7-عزلة

فليتحدث معي أحد

فلينادي اسمي

كي لا أشعر أنني انقرضت

حين أحدق في المرآة

أحدق كي أتأكد من وجودي

كي لا أجن

وحين أرسل لكم أيها الرفاق

دون رد على رسائلي

انتشي

أقول

ما زالت لديهم حياة

ما زالوا يعودون بكيس فاكهة لأبنائهم

ويجلسون على المقهى يثرثرون

أبدًا لن أقتنع أنني في قبري

8-وجع

لم يعد بوسعي إنفاق المزيد من المشاعر عليكِ

أنت غريبة

ومحبطة

أقول لك جرح

وتمنحيني اهتمام

و- أنا

حين نكتب نحن نعبر عن شيء ما

لكن ليس بالضرورة أن يكون يحدث الآن

ليس بالضرورة أن يكون قد حدث أساسًا

أحيانًا

أكتب

وأنا أقول أنا

وأعني بها شخص آخر

إنه أنا

10-عيد

حين كنت طفلًا

حين كنا نبحث عن العجين

كي نصنع بسكويت العيد

كنت أختبئ في غرفة الجدة

كانوا يضعون الصواني فيها

وكنت أهضم البسكويت

الآن وبعد أن مرت السنون

بعد أن كبرت

صرت أختبئ في غرفة الجدة

أهضم عذابات بعينها

قبل أن توزع على أبنائي

11- حصة

قالت وداعًا

قالتها وهي تحدق في طلاء الأظافر

وتنفث دخان سيجارتها

قالتها بسهولة شديدة

كأنني لا أمثل لها أي شيء

الغريب أننا بعنا العالم سويًا

واشترينا به ما تريد

أنا الآن أريد حصتي

ثلاث قارات

ومنزل على البحر

وشقتنا

12- تانجو

الحياة بحاجة إلى امراة

لا يمكنك العيش بدون حسناء

امرأة تلتهم لك مآسيك وتستفرغها

تضع في فمها لفافتك وتشعلها

تواصل العرض على رقصة تانجو ونصف

امرأة تساعدك على المضي

وحين تكتب نصًا تقول لك لقد نزفت قلبك

الآن دعني أركّبه لك

أرجوك سيدتي قبل القيام بذلك

انتزعي منه امرأة بعينها

كي ألمحها

12-

اليوم مر عامان على فراقك

أتجه نحو البناية التي جمعتنا

أحصي خطواتك المتكدسة على الأرضية

أضعها في كيس

وأعود بها إلى غرفتي

تقف جدتي بالمسبحة

وهي تقول

أبدًا لن أسمح لك بدخول غرفتك ومعك امرأة غريبة

جدتي أرجوك

أنا لن أغضبك

فقط سأحدق فيها

وحين أفيق من غيبوبة الموت

أعدك بخروجها

14 _ صك

حين حدقت فيك للمرة الأولى

قلت حورية بحر

حين أحببتك قلت جنّية

حين افترقنا قلت ملكة

ولذا أبدو طوال الوقت كالذي يسحب منزلك نحوه

أنا لست طامعًا في تولي الحكم

أنا بحاجة إلى صك إعدام منك

15- خوف

منذ أن بحثت عن الوجهة
وأنا أركض خوفًا من شيء واحد
أن أصل

16-حمى

أتوق إلى حمى جاءتني طفلًا

حين كانت الجدة تضع الكمادات

ممسكة بالمسبحة

ثم تدعو بالشفاء

جدتي

الآن لديّ حمّى

حمّى الموت

هل معك كمادات تضعيها في مكان لم أستطع تحديده بداخلي

17- إسبرين

أضعها في جيبي

أخزنها لصداع مفاجئ

أو قصة حب طارئة

معي حبة إسبرين

أخزن عليها رقمك حبيبتي

ورقم زوجك

ربما يحتاجني في استشارة بشأنك

ربما يقتلك الشوق وتنادين اسمي

فأمنحها لك

معة حبة إسبرين طيبة

ظلت معي من التسعينات

لم تتغير الكيمياء الخاصة بها عليّ

18-فكة عمر

لا أتوقف عن الركض

بالرغم من أنني جالس في مكاني

إنها شهقة المتعبين

أنت في مكان ما وفي الوقت نفسه تُلمح في مكان آخر

ولذا حين يلتقط الرفاق صورة لا تظهر بأكملك

وحين تجمع شتات نفسك

من العوالم التي تسكنها

تكتشف أنك لست موجودًا بصورة كُلية

لديّ فكّة عمر عرضتها على أمازون

19-جفن

كنا في الحرب

منهمكين في كتابة الخطابات

للنسوة اللاتي نحبهن

أحدهم كتب

فقدت عظمة الرسغ

لكنني وضعت جفنك مكانها

أمسكت بالسلاح

ثم أطلقت عشر رصاصات على العدو

أصابتهم جميعًا

وانتهت الجولة

ألم أخبرك أن ذخيرة تلك الحرب جفنك

وأننا سننتصر حين تضحكين

حين تنغلق شيء فشيء عيناك؟

20- ضماد

أبحث عن ضماد

ضماد لجرح الحبيبة

ضماد لجرح العمر

ضماد لجرح السراب

صديق لي وصف لي إحدى الصيدليات

قال ستجده هناك

ذهبت إليهم

قلت أريد ضماد جرح الكتابة

قالوا لي أين الروشتة

أشرت لهم على عظمة الرسغ

21- وصول

في حياتي كلها

لم أصل

أعرف أنني لم أخطُ

لكنني تعرفت على الكثيرين من الناس الذين وصلوا محل أناس آخرين

22- نهر

يقال أن غابات الأمازون تحوي تحتها نهر عظيم

أخبرتني حبيبتي أنها ذلك النهر في حياتها القديمة

ولذا كانت كلما تساقط منها الدموع

تضج بالسعادة

تقول لي أن هذه أبلغ صورة لصلة الرحم

23

أنا لا أكتب

أنا فقط أجمع اللقطات

لقطة عجين الجدة

ونكهة النسوة اللاتي يفطمن أبناءهن بعصير الصبار أمام قبري

لقطة مع حبيبتي وهي تهدم القصة

ولقطة مع نيرون وأنا أحرق روما

24- سؤال

منعزل عن العالم

أقضم جراحي

جراحي التي أحبها

أرجوكم أيها الرفاق لا توسوسوا لي بالمجيء إلى المقهى

بعد فقد هؤلاء

لا يمكنني الوقوف مجددًا

سيمشي قلبي بواسطة عكاز

وسيكون كل ما بي شظايا

أرجوكم أتركوني وشأني

لكن خبروني قبلها ما هو شأني؟

25- سرادق

مطحون في سرادق عزائي

لا وقت لديّ كي أكتب فيك الغزل

المعزيين متطلبون

الكثير من البن

الكثير من مصافحة الأيدي

حين أنتهي

سأكتب لك

ليس عن ظلمة القبر

بل عن ظلمة الحياة

26- جثة

إنهم يصرخون فيّ من أجل أن أفيق

أنا الميت على عتبتك

يغرون عمري بسيجار دافيدوف

وبن شاهين

يسكبون على وجهي رائحة الهوجو بوس

بينما أنت تبثين المشهد عبر كاميرا مراقبة

ترقصين التانجو غير مكترثة

ولذا أحبك

أنت أبدًا لن تمثل موتتي لك أي شيء

وهكذا أنتشي

27- فطام

حين حفروا قبورنا

لم يتركوا متسعًا للرفاق

الآن نلعب الغميضة بمفردنا

ونختبئ على أمل أن تعثر علينا جثة

كما أننا نحتسي البن بمفردنا

على أمل أن يلقي النادل بنكتة

المكان ضيق

بالكاد يتسع لهلاوسي

لكن ربما تجيء الحبيبة

وتزرع أمامي صبارة

ربما يفطم بها طفل وأصير فتات على فمه

حينها فقط سأنتشي

28-أنا

في حياتي كلها

مضيت بمفردي

في لحظات الانتصار

في لحظات الإخفاق

كان الجميع حولي

لكنني كنت بمفردي

كان ينقصني أحدهم

إنه أنا

29- شهقة

حين عثرت عليكِ

سحبت نحوك الجامعة

المدرج

أستاذ المادة

وسائق أوبر

خفت عليك من مضايقات العامة

حين خنت ما بيننا

اعدت كل شيء إلى مكانه

قلبي إلى قلبك

وعمري إلى عمرك

وخدوش خيانتك إلى قنينة أيامي

وعطرك كإيصال مني بأنني وصلت إلى شهقة العشق

30-شهقة

قريتي تجري في عروقي

ولذا حين يعوّرني شيء

أنزف الفرن الطيني

تركض الجدة نحوي

وهي تقول النار

النار ستلسعك

لا تخافي أيتها الجدة

أنا آمن تمامًا

لقد حرقت قبل ذلك

في كومة قش

قالوا هناك إبرة

وكنت جادًا في البحث معهم

31-حلق

حين أفلت يديك

شعرت بحسرة أب فقد ابنته

لكن الظروف كلها كانت ضدي

العائلة

الرفاق

حلق أنفك

في القرى لديهم وجهة نظر حول حلق الأنف

التراث القروي انتصر حبيبتي

32- أمي

كانت أمي تجمع السنون في كيس

ثم تضعهم في خزانة الملابس

كي أرتدي السنة التي أحبها

33- مشهد

حين كان العالم يخطو بخطى ثابتة نحو المشهد الأخير

كنا نرقص رقصة التانجو

كان آستور بيازولا يعزف في الخلفية

وكان جفنها يقول كل شيء سيكون على ما يرام

ولذا حين جاءت لحظة النجاة

كنت كلما مررت بمأساة

ركضت نحوها

وضعت أذني على جفنها كأنها بطن حبلى

كل شيء سيكون على ما يرام

34- شيب

أنا متعب أيها الرفاق

بالكاد أتعرف عليّ كل صباح

وأجمع طقوسي من منشورات الفيسبوك

أنا بحاجة لكم

كي تتحدثون معي عن امرأة أحببتها وافترقنا

كي تتحدثون معي عن تاريخي وعن جغرافيا ما حدث

لكن أرجوكم وانت تتحدثون معي عنها أذكروا محاسنها

أعرف أنها خانت

الشيب في قلبي يقول ذلك

35- كيس

إنني حين أضغط على نفسي

أضغط بدافع خروج مشاعر بعينها

كي أضعها في كيس

وألقي بها على الرصيف

كي يمر المارة عليها

ويطلقون تعويذتهم

كي تصير فتات إنسان

يتسكع نحو منزلها

يقول لها حبيبتي

الآن بإمكانك استضافتي

36- وحدة

أنا لا توجعني الوحدة

أنا توجعني الأيام التي تمر

دون أن ينادي عليّ أحد

أنا فقط وددت أن أتأكد أنني موجودًا

37- خلخال

ترتدين خلخالًا في آسيا

يرن عمري في القاهرة كلما مشيتِ خطوة

38- رغيف

في القرى يصنعون رغيف خبز بالسكر

هذا الرغيف يحوي بداخله طفولتي

الآن يقضمه طفل في مكان ما

لا يعرف أن هذا الرغيف هو عمري

وبالتالي ينقص عمري

وأعود إلى سنة لم أكن أعرفك فيها

معذرة لأنني البارحة لم ألقِ عليك التحية

39- اختفاء

حين تختفي من حياتك

ترى من الذي يُسير الأمور بدلًا منك

يذهب للعمل

يشتري السجائر

يتجرع البن

يكتب

لكنه أبدًا لن يصرح بأي خبر عنك

الغريب أن أمي لم تلحظ اختلاف رائحتي

اكتفت بشامة في وجهي تقول لها هذا ابنك

حتى حبيبتي

لم تحدق في عمري

اكتفت بالورد

اللعين لن يخرجني من القبعة كأرنب

40- خيبة

خيبتي في هذا العالم كبيرة

لقد ربيّته على الطيبة منذ نعومة أظافره

لكنه خدش عمري

لا أعرف مع من مشى الطريق بدوني

سأربي عالم آخر

لكن هذه المرة سأربيه على الشر

41- حرب

رأيت الجنود يجمعون أشلاءً

ثم يضعون كل شلو في كيس ويكتبون عليه اسم صاحبه

حين ذهبوا بشلو للأم

أمسكت به

حدقت فيه

وبثبات فظيع اتصلت بطبيب العائلة

كي يجري عليه الكشف

٤٢ ـ طاحونة

لم أتحمل فظاعة غيابك

ولذا انعزلت عن العالم

طاحونة ذكريات

أرقام في رأسي لم يعد بوسعي طلبها

منفضة سجائر

أطفئ فيها عمري

ونصوصي

قطعة البسكوت في يد الطفل الذي كنته

لعبة الغميضة

عجين الفجر

الفرن الطيني

النسوة اللاتي يفطمن الأطفال بالصبار

ولذا يكبرون وهم يبحثون عن المرارة في مكعب سكر

٤٣_ الشك

المأساة التي حيرت فرويد

واحد زائد واحد ربما لا يساوي اثنان

الشك في سبب اعتزال ماريا شارابوڤا

الشك في درجة نجاح مقطوعة آستور بيازولا

الشك في اسمي

في بطاقة الهوية

التي تقول أنني مواليد يوليو

٤٤_مشفى

عثرت عليّ بعد الحرب

كنت في حالة يرثى لها

عظمة الرسغ في ناحية

والقلب في ناحية

لم أحزن ولو للحظة

إلا على جفنك الذي كان ينتهي من عمله

ثم يجيء وينام في قلبي

جمعوني في كيس

وأرسلوني لجدتي

تحسست شعري ذهابًا وإيابًا

وهي تقول في المشفى ستتحسن حالته

٤٥_خزانة

كانت تضع سنواتي السعيدة في خزانة الملابس

كي أرتدي السنة التي أحبها

٤٦_كمين

أتوق إلى عمري

أفتش عنه

في أمازون

في الساوند كلاود

أفتش عنه في الحي القديم

في خزانة الجدة

أقول ربما شعرت بالخطر فوضعته مع ملابسها

ولدى ماسح الأحذية

ربما سقط في خطواتي

أفتش عنه لدى الرفاق

ربما أحتاجه أحدهم كي يعبر منه من كمين للشرطة

حيث أنني لم يسجل ضدي أي حكم جنائي.

٤٧_ قطن

حتمًا سأعرف اسمي

سأجده

وسأدسه في الحصالة

كي لا يستطيع الهرب

اسمي الذي يتركني ويجيء إليك

اسمي الذي يتسكع في الأزقة التي بيننا

اسمي الذي يجمع النمش من وجهك كما يجمع الفلاحون القطن

بمناسبة القطن

هل تعرفين أن القطن المستخدم كضماد كان حلمه أن يكون فستانًا؟

٤٨_نشرة أخبار

أنا بحاجة إلى هدنة

هدنة ألتقط فيها أنفاسي

تلك الهدنة التي يحصل عليها الجيش

أن تقف مذيعة حسناء

تقدم نشرة الأخبار

وهي تقول

تم وقف إطلاق النار بداخلي!

٤٩_مكعب سكر

لم أتحمل فظاعة غيابك

ولذا انعزلت عن العالم

طاحونة ذكريات

أرقام في رأسي لم يعد بوسعي طلبها

منفضة سجائر

أطفئ فيها عمري

ونصوصي

قطعة البسكوت في يد الطفل الذي كنته

لعبة الغميضة

عجين الفجر

الفرن الطيني

النسوة اللاتي يفطمن الأطفال بالصبار

ولذا يكبرون وهم يبحثون عن المرارة في مكعب سكر.

٥٠_مشفى

رصاصة اخترقت عمري

فسالت الدماء من وجه حبيبتي

ركضت نحو المشفى

سيدي الطبيب معي حالة حرجة

قال أين هي؟

قلت لقد أطلقوا رصاصة على عمري

وأصابت وجه حبيبتي

يمكنك أن تنتشلها مني

وتسعفها

أنا لا أعرف بأي مشرط جراحي تفتحون العمر

لكنني آمل أن تستطيع.

ثم ندرك متأخرين

أن مسرات الطريق

تلك الشظايا التي نصاب بها

٥٢_إعلان

أفتش عن نفسي

في أكثر من مكان

وحين نشرت إعلان وضعت به صورتي

اتصل بي الكثيرون

أحدهم قال شوهد في حانة

وآخر شوهد في الحرب

وثالث شوهد في طريق ما

أرجوكم إجمعوني من تلك الأماكن

ربما أصير واحد

وامنحوني اسمي

لا أريد اسم آخر.

٥٣_خيط

حين كنت طفلًا

حين كنت أبكي من الجوع

أبي كان في غربة وقتها

كانت أمي تأخذني إلى خياط القرية

وهي تقول خيّط قلبه

كي يتوقف عن البكاء

لا أتذكر عدد الغرز

ما أذكره أنني كنت أنام وأنسى البكاء

كبرت وأحببت وفارقت الحبيبة

بكيت

وذهبت للخياط نفسه

قلت له خيّط قلبي

قال الحب مسؤولية الزبون.

٥٤_ أشلاء

أعرف امرأة لملمت أشلاء ابنها

وضعتهم أسفل اللحاف

ثم وضعت على جبهته المثقوبة برصاص الحرب كمادات

وصرخت في المحيطين إياكم أن تقولوا مات

مرت السنون

اكتشفت الحقيقة رضخت لها

ثم قالت لا بأس

لقد عاش معي عشرين عامًا خصموا من موتته.

٥٥_شوكولا

حبيبتي

أرجوك

لقد بعنا سبع قارات

واشترينا بهم شوكولا كادبوري

أرجوك تعالي نفعلها مجددًا

لا أملك ثمن لفافة التبغ.

٥٦_صبارة

كل هذا الحنين ولم أصل

كل هذه المشاوير دون أن أعثر عليك

كل هذه الأغاني

وأنتِ في غربتك

هل هناك طريقة تمكنني من الوقوف أمامك

كصبارة أمام قبرك.

٥٧ - مدينة

لديّ حانوت

في مكان ثرثار

وأنا أحب الهدوء

ولذا أسحب المتجر نحو القرية

لا بيع لا شراء

مجموعة شعرية أقضي الوقت معها

وفي نهاية الشهر

أخرج الإيجار

وأنا أقول لا بُد أن أسحب القرية

نحو الثرثرة

أن يستحم ليلها بليل المدينة

وحين تفطم امرأة ابنها

لن تجد صبارة

ستجد عمري!

٥٨_ آخر

وظيفتي التحديق

التحديق في حياتي

في عمري

في الذي مررت به

ووصلت إلى نتيجة مرضية

ثمة آخر يعبث بحياتي

الغريب أنني سلّمته زمام الأمور

لقد باعد بيني وبين حبيبتي

بيني وبين الكتابة

بيني وبين عمري

أنا سعيد لأجله

لقد نجح في القضاء عليّ

أرجوك واصل المضي.

٦٠_تفتيش

أدور في المدينة

أجمع فتاجين البن من المقاهي

أبحث عن أحمر شفاه يخصها

٦١_أغنية

هناك أغنية

توسوس لي أنا آخر ما تبقى من القصة

خذني معك إلى الدار

كيف أقنع زوجتي أن حبيبتي ترسل دوريات استطلاع على عمري مستخدمة

في ذلك أغنية

أيتها الأغنية

سأدس في جيبك مبلغًا من المال

يمكنك شراء لحن جديد

فتغيرين جلدك

من الممكن أن تغادري نحو لوس أنجلوس

ربما يشرّكك ديڤيد جيتا في حفله.

٦٢_شهقة

الذين ضغطوا زر مصعد العمر

وصعدوا بمشاعرنا نحو شهقة مرتفعة

أرجوكم

عودوا بنا إلى الأرض

إلى زرقة البحر

شغّلوا المكنسة الكهربائية

واكنسوا تلك الشهقة

أرجوكم عودوا بنا سالمين

إلى مآسينا

إلى مرارات عتيقة

أريد إشعال لفافة تبغ ومكان الشهقة ضيق

٦٣ _ أمي

ثلاثون عامًا

قضيتهما كفخ

كمزحة مدبرة

لم أعش أيامي؛ عاشها آخر

آخر لم يذهب معي حين التقطوا صورة لبطاقة الهوية

لقد انتظر حتى اللحظة المناسبة

زحزحني قليلًا من أقصى يسار الصورة

وقضى عمري

لم يلحظ الرفاق

لم تلحظ حبيبتي

وحدها أمي أمسكت بمسبحتها وركنت عمري بالصورة

٦٥_ساحر

ليس لديّ دافع لاستكمال المشوار

أرجوكم فليأت أحد

يضع عمري في محفظته

ويدسه في حياته

أعده أن أحافظ على لباقتي

والا أنثر جحيمي

أعده أن أسحره

وأن أخرج له الأرانب من قبعتي

٦٦ _ تقمص

أحببتها، كانت تقوم بدور الصديقة والأم لم أتخيل ولو للحظة أنها تقمصت تلك الشخصيات فقط كي أشعر بمرارة فقدان ثلاثة نساء دفعة واحدة.

٦٧_ الطفل الذي كنته

أتوق إلى أيامي الأوَل

لم يكن ذلك الشخص الذي أنا عليه الآن معي هناك

الجحيم آرثر

الجحيم لم يسكن التفاصيل كما هو الوضع الآن

لكنني أخاف على الطفل الذي كنته

هو الآن منهمك في اللعب

لا أريد تعكير مزاجه

لقد وعدته أن أكبر في جسد شخص آخر غير الذي أنا عليه الآن.

٦٨_بكاء

حدوتة مكررة

إسحب كرسي

راقب النهاية

التتر الذي هبط

وأكتب

أكتب عن جرحك

عن مخاوفك

عن المرأة التي اشتريت لها الورد

ومنحت نمشها إلى رجل غيرك

ابكي

على العمر المسكوب على شهقة ونصف

على البنايات التي ضمتك وفي لحظة حولتك إلى فكّة حولتك إلى فكّة إنسان

ابكي

عن الوجهات التي لا تصل

عن كونك فارس أحلام

69_ محاولة

أحببتك

بطريقة عادية

لم يكن معي عصا

كي أضرب البحر الذي يفصل بيننا

من أجل أن أصل إليك

وحاولت أن أتسلل إلى بطن حوت

دون جدوى

حتى السفينة التي صنعتها

مسها ثقب

أرجوك ابحثي عني

ضعي قلبك على خانة البحث

سأظهر

وستنتهي تلك المأساة

٧٠_صبارة

لم تنته القصة

كلانا يفتش في حياة الآخر

عن ذكرى

عن ألم

عن جرح

أفتش حسابك كل يوم

أتسكع فيه كالسكارى

تكتبين عن المطر في أسبانيا

يصيب قميصي البلل

في القاهرة

أعدك أن أجيء إليك

في كتاب

ستلمحين بين سطوره

أجزاء منك

وحين تنجبين طفلًا

حين يجيء موعد فطامه

ستجدين نصًا بعنوان صبارة

لم ألفظ بكلمة

حدقت في المشهد

أقمت انهياري

وغادرت

فقدت أمي؟!

هل الأمهات يموتون حقًّا؟!

لقد ظننتها إشاعة في قرية

ظننت أن الأبناء يخبئن أمهاتهم في مكان ما

ويقولون ماتت

لم أتخيل أن تموتي يا أمي

دفنتك؟!

غادرت الدار والشعر والشارع

لن تتحسسي شعري مجددًا

ألف لن؟!

٧٢_ساحر

أدور داخل عمري كساحر

أخلع قبعتي

تتناثر منها النسوة اللاتي أحببتهن

أدور كساحر

أمسك بالقطن الذي خصصوه كضماد

وأدسه في فستانك

وعود القصب الذي رسم في مخيلته أنه سيكون ناي

أدسه في فم رجل موسيقي

أدور كساحر

أضع عمري في كيس

وألصقه في الفراغ

هكذا ألعق وجودي

٧٣_غميضة

غرابة أطواري

تعود إلى الطفل الذي كنته

جميع الأطفال في الحي كانوا يلعبون الغميضة

إلاك يا عمري كنت تبيع التين

في العيد لم تحظ بملابس جديدة

خرجت من حضن أمك

بحذاء مهترئ

وقميص قديم

لم يحنو عليك أحد

وحين كبرت

حين أحببت امرأة

اختارت أن تلعب معك الغميضة

اختفت تمامًا

هي فقط تعوضك عن طفولتك

٧٣ ــ خيط

لم تنته الحياة
ما زلنا نستيقظ
نتناول القهوة
نشعل لفافات التبغ
نغني
نكتب الشعر
لم تنته الحياة
دعك من الألم المستقر في قلبك
إنها الجدة
ممسكة بإبرة
تخيط جرحك
لا تخف
اذهب نحو البحر
تشبث بزرقته
وحدق في السماء
ألصق أزرق على أزرق
أو فتش عن جرح قديم
يجعلك منتشيًا

الرفاق

الذين أعددناهم للسهر والشاي والحكايات

غادروا القصة فجأة

وتركونا في صورة تجمعنا بهم

محدقين في الهاوية

الحبيبة التي أعددناها

من أجل القُبل والعناق وطي الملابس المغسولة

غادرت القصة مبكرًا

الآن عليّ الذهاب إلى ماسح الأحذية

كي يزيل أثر خطواتي نحوهم

سأجمعها في كيس

إنها عمري.

٧٥_دان براون

أنا أحبك

هذا يكفي

لديّ نجمة

لديّ قصر في قلبي

افهميني أرجوك

قلبي الذي أدس فيه حجارة الحي

شيد بداخلي مبنى

خصصت منه غرفة

للنسوة اللاتي قتلن في آخر ما تبقى مني

سيكونوا لطفاء معك أعدك بذلك

بالداخل مكتبة

أعرف أنك مغرمة بروايات دان براون.

٧٦_مؤامرة

دعك من المرآة

ثمة مؤامرة في انعكاس وجوهنا عليها

نحن لا وجود لنا

نحن المنسيين في الفهرس

أنت تخرج نحو المقهى

لكنك لم تغادر الدار

بالرغم من أنك تثرثر مع النادل.

٧٧_ جفنك

لقد مر عامان على آخر لقاء

لم نفترق حبيبتي

إنها هدنة

جفنك ما زال يعصرني

وتتساقط مني النسوة اللاتي عرفتهن قبلك

أجهز نفسي للصدفة

أبتاع قميصًا من متجر دانيال هيشتر

وعطر الشوكولا الذي تحبينه

وأقف مع الرفاق على الناصية في انتظارك

تقول أمي لهم هزوه من قلبه

ربما ينزفها

تلك التي صارت جثة

٧٨_ ضوء

حين تتفاقم المأساة

يظهر في الأفق ضوء

هكذا ننجو

لكنني أتساءل حين تتفاقم السعادة

ويختفي من الأفق ذلك الضوء

ماذا نفعل؟!

79_ممثل

الآن وبعد أن انتهى كل شيء بيننا

كوني حريصة على سلامتك

أرجوك لا تتحدثي معي عن فرضية انتحارك

أنا لست بطل حياتك

أنا مجرد ممثل ثانوي

قالوا لي قبّلها وفعلت

لا تكوني عرضة للأغنيات الحزينة

أنا لست بطل حياتك

تعرفي على أحدهم

خوضي قصة عشق

لا تتذكري ما كان بيننا

احرقيني بذاكرتك.

٨٠_روما

الحب الأول

المرارة التي لم نقلع عنها أبدًا

الداء الشهي

عذاب يوناني عتيق

حاضر معنا في كل قصة

في كل تنهيدة

في كل رشفة بن

في كل لفافة تبغ

أنت تنفث الدخان في حضور امرأة تعشقها

لكنك في الوقت نفسه ترسم شفاة امرأة أخرى بذلك الدخان

الحب الأول

ربما ذلك السر الذي دفع نيرون لإحراق روما.

٨١_سيناريو

عمري مستوحى من قصة حقيقية

ولذا في أغلب الأحيان

أعرف اللقطة القادمة

سامحيني لأنني فارقتك

كنت أنفذ السيناريو

كي لا أصاب بالتيه.

٨٢_ اللغة

ينبشون بطن اللغة

يخيل إليهم هؤلاء المغتصبون

إنها امرأة حبلى

ثم يعصرون الكلام على تويتر

ليست تلك هي الكتابة أيها الحمقى

الكتابة أن ينزف رجل في الهند

فتلصق ضماد على إبهامك.

٨٣_طعنة

حسنًا، تعالي نعيد الحياة بيننا إلى اللقاء الأول، تقلبين السكر في الشاي أحدق بك

أفكر في طريقة لفتح نقاش

تعالي نعيد الحياة إلى زمن ما قبل مغادرتك المكان

إلى إعجابنا المتبادل بأغاني فيروز ومحمد فوزي وصدى عبد المطلب

تعالي نلتقي من جديد

للمرة الأولى

أحدق فيك

ثم تجيء طعنتك.

٨٤_الغرباء

أحب الغرباء

لن يجرحني أحدهم

سيحدقون فيّ ذلك الرجل الغامض الذي يستمع إلى إيمنيم ويدخن كابتن بلاك

يبتسمون

أبتسم

أحدق في وجوه النسوة الغرباء

أقول ربما هي بينهم

أقسم لك أنني لا أعرف من تكون.

٨٥_غياب

أغيب ليس لشيء

بل كي تسألين عني

أحدق في رسالتك

كيف حالك

أود كتابة أحبك

لكنني أعجز

أخاف أن أخسرك

لكنني سأخبرك سرًا

أخاف أن أكسبك.

٨٦_ رقصة

ليتنا لم نلتق

ليت ما حدث لم يحدث

الآن أحدق في عينيك أقرأ ما فيها

لمحت رجلًا ذو لحية، لمحت ملابسه وجهه

عرفت أيضًا من عينيك أنكِ رقصت معه البارحة

أود أن أسألك عن بصمات يداي حول خصرك

هل اقتلعتها أصابعه؟

هل سيصير كاتبًا بسبب ذلك؟

هل سأضغط له زر الإعجاب دون أن أعرفه عندما يكتب عنك نصًا؟

٨٧_نمش

استيقاظ برائحة اللاڤندر

المرأة التي أحببتها بجواري

أحدق في عيناها الزرقاء

التبغ على شفتيها

النمش حول أنفها يبدو كأنه جندي روماني

يمنعني من تقبيلها غيرة عليها

تقول صباح الخير بصوت متقطع

تبدو المآسي كمزحة

أخرج نحو العمل

وأنا أفكر

كيف سأخبر نفسي أن هذه المرأة زوجتي؟!

٨٩_قميص

حسنًا

تعالي نحسم الأمر

تدسين في فمي قبلة

ثم تغادرين المشهد للأبد

أو ترسمين وجهي على قميص أبيض

ثم ترتديه

ربما تأخذيني معك نحو برج بيزا المائل

ربما

ربما

أقول ربما وأنا أنتحر بالتحديق في صورك

أقول ربما وأنا الميت الواقف في سرادق عزائه

٩٠_ آخر

أنا لم أعش عمري

صدقوني ثمة آخر في المشهد

حتى المرأة التي أحكي عنها في كتاباتي

لم ألحظ وجودها أبدًا

ولذا أيها الرفاق حين أنسى حقيبتي بالمقهى

أرسلوها على عنوانه وليس عنواني.

٩١ ـ عراك

أدور في عراك قديم

أحاول أن أنتصر

بالرغم من كونه انتهى

٩٢_ خلخال

ترقص النسوة في قلبي

ورنة الخلخال توجعني

أنا المنعزل في غرفتي

أنا الجثة

وبإيقاع المتعبين

أغفو

وأتركهم

يوقظون عمري من النوم

يرقصون بشغف

وحين يجيء الأرق ينسحبون

أيها الأرق فاتتك اللحظة الحاسمة

فاتتك رنة خلخال

يشعل سيجارته وهو يقول

أنا أيضًا لديّ من يرقص لي.

قد تكونين الآن منهمكة في شيء ما

لكن الذكرى التي بيننا تقول أنكِ تفتشين عن اسمي

ثم تطلقين أف التي حكمت بها عدة دول

لأنني لا أظهر لك

ضعي قلبك في خانات البحث

ستجدين بضعة صور

الكثير من الشعر

سيرن خلخالك في لوس أنجلوس

بينما أنا سأموت منتشيًا بسببه في قرية من قرى مصر

٩٤ ـ برتقالة

أبي يعود إلى الدار

معه كيس فاكهة

أنتظر عودته منذ أن كان عمري خمس سنوات

أشعر ان الشرخ في الجدار يركض نحوه

ويلتهم برتقالة

وهو يقول الآن حصلت على الرشوة

لن أتصدع.

٩٥_حياتي

ثمة عراك يحدث الآن

أنا أحد أطرافه

لكنني وبطريقة ما

أراقبه عن بعد

تارة أنهزم

تارة أنتصر

يا لها من رفاهية جميلة

أن تراقب العمر وهو يسيل

تراقبه وهو يلتئم

تحتسي لحظات الانتصار وأنت تقول

غدًا أدخل حياتي.

٩٦_ أنا

لست مكترثًا بما يحدث

فراقك حبيبتي

وداع الرفاق

أنا منهمك في أشياء لم تحدث

لكنها تقتلني

أشياء خفية

لا يعرفها أحد

حتى أنا

هناك أناس طيبون

الأشرار يلعبون معهم الغميضة

حين يعثرون عليهم

ينزعون قلوبهم

ويضعوا مكانها حانة

يتكدس بداخلهم السكارى كل يوم

ولذا يقضون أيامهم بإيقاع من يهذي

يعودون إلى زمن الطفولة

يصطحبون معهم طفولتهم

لكن الأمهات حين بكنسن الدار

يكتشفن آثار زجاجات الخمر

ومصاصات الحلوى.

٩٨_عذابات

جربت الحب ألف مرة

لكنني لم أعشه

أريد قصة خالية من الهواتف المغلقة

خالية من الانتظار

أريد قصة خالية من كلمة وداعًا

خالية من التلويح

وحين نقف محدقين في زرقة البحر

لا تأخذني زرقة عيناها نحو الهاوية

أريد قصة بعذابات طيبة

أنا مهووس بالعذابات الطيبة

٩٩_حصة

الذين يشبهوني

هؤلاء الأربعين

الذين اجتمعنا كي نتقاسم حصة الحياة

كان نصيبي مجرد كدمة زرقاء

الآن أتصل بهم كي أصف لهم المأساة

يقولون لقد حصلت على نصيبك

معي الآن ثلاثون جنيهًا ولفافة تبغ وكدمة

سأعرضها في المتجر الخاص بي

وسأكتب فوقها هذا عمري

100_ صديق

أحرقت صدري بالسجائر على أمل أن يكون روما

تفقدت حسابها وحسابات أصدقائها

كالعادة لم اعرف أي خبر عنها

عدت للمقهى

احتسيت البن

ناديت النادل

قرأت له الكف

قلت أمامك سكة بن

ثم عدت

حدقت في القناة

كان هناك مذيعة تشبهها

اتصلت بها

قالت لي أنت الآن صديق البرنامج

حتى شبيهتها تعاملني كصديق.

١٠١_تراجيديا

لديّ حذاءً جلديًا مهترئًا

البارحة تلقت أمي خبر وفاتي

ارتدت الحذاء

وانطلقت في الأزقة

أخذها الحذاء إلى المقهى، ومنزل حبيبتي، ومقر العمل

ثم قالت

لقد حملت ولدي لسنوات

خذ مكافأة نهاية الخدمة

جاء إلى قبري

ممسكًا بعلبة سجائر وكيس بن

وقال لي لِمّ كل هذه التراجيديا

هل تلعب معي الغميضة؟

١٠٢ ـ حوت

أنتِ وحمة في قلبي

وأكمام روحي واسعة يتساقط منها عمري بعدك

أتوق إلى التفاصيل التي كانت بيننا

الأغاني

الشعر

روايات دان براون

الحبّة التي ظهرت في وجهك عشية لقائنا

إلى كوب قهوة كنت ترسلين صورته

أنت التي يفصلني عنها بحر

لم تنفع معه عصا

ولا حتى بطن حوت يصل بي سالمًا

١٠٣_ فوهة

أنا العتمة أيها الرفاق

العتمة التي وجدتموها في نهاية النفق

أنا الذئب يا أصدقائي

الذئب الذي يدسون به في قصصهم كي يصيروا أبرياء من دمي

حبيبتي أنا السعال الذي أصابك

لا بُد أن أعترف لكم

أنا فوهة الجرح الذي تعانون منه.

١٠٤ _مشاوير

اعتدت أن أواسي الناس

الناس كلهم دون استثناء

أنا الجريح الذي لم يضمده أحد

تقول الأغنية حبيبتك على مقربة

يقول العالم أنت شخص منبوذ غامض غريب

أنتظر

أنا مثلك أنتظر

أنتظر اليوم الذي أصل فيه

إلى مشاوير لم أخطو فيها خطوة

واحدة.

١٠٥_نقطة

اعتدت غيابك

صدقيني لا أفكر بك نسيتك تمامًا

أنا فقط أرى وجهك في ملامح كل امرأة

وأضع رقم هاتفك ككلمة سر

وأحدق في بحة صوتك حتى تتمكن مني الكحة

أنا فقط أشتم رائحتك حتى في طعام أمي

وأقضي ساعات أمام منشور لك وضعت به نقطة.

١٠٦_النسوة

النسوة اللاتي يعجن أعمارنا

لمّ يضعن الملح على الجرح

لم تطلق إحداهن سراح أغنية

تبيت ليلتها في جدار المعدة

ونستفرغ جوفنا

النسوة اللاتي يعجن مسراتنا

لمّ لم يضعن في الحسبان أننا موتى متكدسون داخل أعمارنا

لمّ لم يضعن الشظايا في سككنا

لمّ لا يعتذر الرفاق سوى أثناء دفننا؟!

لقد دسست عمري في غمازتك

وقلت ستحافظ عليه

ستحمله كطفل وتحنو عليه

لم يخيل إليَّ أن تعرضيه على متجر للبيع

الرفاق أخبروني أنني شوهدت في حانة

وأنا لا أسكر

البارحة جاءتني امرأة

وقالت بيننا قصة

وأنا لا أعرفها

أخاف

أخاف أن يدق الباب رضيع

يقول أنا ابنك

أرجوك ردي إليّ عمري

ردي إليّ بضاعتي.

١٠٨ _ الناس

أنا من الناس الذين يركضون بصورة دائمة

بالرغم من كونهم جالسين

من الناس الذين يعودون للدار بالرغم من أنهم لم يخرجوا منها

من الناس الذين يفاجئون بوجودهم داخل قصة حب

يتفاجئون من الوداع

ثمة شيء ما ينقصنا

شيء في حوزتنا بالفعل دون أن نعرفه.

١٠٩_مشرحة

مكبلًا بالحنين

أدير ليلتي على رجفة ونصف

رائحتك تجيء وتذهب

وفستانك يلقي بظلاله

الرفاق يضحكون على نكتة

التبغ والبن يبثون اللقطة

أتمتم ببعض الكلمات التي بيننا

ثمة عناق في الخلفية

ثمة صورة قديمة

أحدق في اللحظة

تدفع جدتي الباب

وهي تقول غرفتك صارت مشرحة.

١١٠_فانوس

منهمك في حيوات لم تأت

أضغط زر الأغنية

تأخذني إلى عصر مضى

ممسكًا بفانوس العيد

الطفل الذي كنته كان لديه مستقبل ناصع

لست أدري من الذي دسني في عمره

لقد أفسدت كل شيء

أعتذر له

عن السنوات التي وضعها في جيبي

وضيعتها ضيعته معها.

١١١_ تفاحة

شيدتك

كونت طقوسك

وضعت في كفك كلمة السر التي تجعلك فاتنة

عانقتك

وحين نضجت تمامًا

تركتيني عند مدخل الحلم

شقة صغيرة، أغنية، رقصة

رسمت لي الجنة

وتركتيني عند أول تفاحة

على أي حال

ما زلتُ أحبك

سعيد لأنك ركلتِ عمري نحو الحافة

وعشتِ الحلم

أنت لست حبيبة فحسب

أنت آخر ما تبقى من حناء الجدة.

١١٢ ـ الحناء

الأمهات يحملن في كفوفهن أبناءهن تخاف أن يصابوا بمكروه ولذا كلما خرج أحدنا من المنزل تمرر أمي الحناء في كفها حفاظًا علينا من درجة حرارة مرتفعة.

١١٣ _ الذئب

أنا الذئب

أنا لا شيء

أنا الهامش

أنا سيرة ذاتية للفراغ

أنا الذي يجمع سنوات العمر في كيس

وينساها عند مدخل بناية

ويصير سرابًا

أنا الصور التي حذفوها من أجل تفريغ مساحة

أنا أحد المنسيين

أنا من هؤلاء الناس الذين قضوا أعمارهم عند الحافة

وحين ارتطموا بالقاع

لم تقَم لهم جنازة

١١٤_ الغميضة

تلعبين معي الغميضة

تختفين من المحادثة

وتظهرين لي في وجوه النسوة

تلعبين معي الغميضة

تختفين من القصة

وأراك في منامي بالمقهى

أفرغ الكاميرات

كي أعثر عليك

أنتصر في اللعبة

الآن جاء دوري

فتشي عني أنتِ

ولكن في حقول البن بالبرازيل

في شجر التبغ في كينيا

في صبارة تفطم بها امرأة ابنها

١١٥ ـ أسئلة

اللاتي يشبهن ملامحك

لِمَّ يحدقن فيّ بتلك الطريقة

هل نشرت إشاعة حبنا في القرية

هل قلت للنسوة جرحته؟!

خبريني!

هل سردت لهم الشعر الذي قلته؟

هل تبدين فوق ملامحي كما تبدين في قلبي

هل تعرفين أنني تناثرت؟

وأنني جمعت أشلائي في كيس

ودسستها في الخزانة؟

١١٧_فيسبوك

لم أظفر بأي شيء

كنت ألوذ بالفرار من المسرات

والشظايا

كنت أغربل عمري في غربال الجدة

تهطل منه لعبة الغميضة

الرفاق آرثر

الرفاق الذين لم اعثر عليهم بالفيسبوك

الذين دسوا أسمائهم بطريقة لم يعرفها مارك مخترع الموقع

غربال تتساقط منه النسوة والجراح والحلقة الأولى من مسلسل الأصدقاء.

١١٨_تهانينا

تهانينا سيدتي!

دمرتِ آخر ما تبقى مني

صرت أسأل الرفاق عن مزاجي

عن اسمي

عن طقوسي

لم يكن الأمر بحاجة لكل ذلك

ما حدث أكثر من اللازم

لقد استحممت بعطرك

استحممت بعمرك

لقد دسست في غمازتك حياتي

لكنك تعمدتِ أن تكوني جرحًا.

١١٩ _ حارس

لقد انتشيت تمامًا

حين نشروا لي مقالًا

ركضت نحو قبر أبي

وسألت حارس المقبرة

هل تدسون الجرائد للموتى

طلب مني عشرون جنيها مقابل ذلك

ثم أخبرني أن أبي الآن حصل على نسخته

أنا مسرورًا لأجلك ابي

ابنك صار من النخبة.

أمي التي جاءت إلى المعركة

صرخت فيهم

ثم جمعت أشلائي

قالت لهم أين الطبيب

نحتاج إلى إسعافات اولية!!

121_قنينة

سأعصر شظايا عمري

رائحتي

قطرات من عرق وجهي

وأضعها في قنينة

تعبت من القارة التي تفصلنا

سأرسل تلك القنينة من خلال تعويذة

أنا واثق أنكِ حنونة

واثق من أنكِ ستضعيها في اهتماماتك

وحين تُعتق

حين تضعيها في منشور بالفيسبوك

حين يضع الناس علامات الإعجاب

سترشدك قطرات العرق إلى..

قبري.

الفهرس